The TORTOISE and the JACKRABBIT
La TORTUGA y la LIEBRE

WRITTEN BY
ESCRITO POR

Susan Lowell

ILLUSTRATED BY
ILUSTRADO POR

Jim Harris

rising moon

www.northlandpub.com

The paintings in this book were done in acrylic and watercolor on Strathmore paper.
The text type was set in Granjon.
The display type was set in Aquinas.
Spanish translation by Straight Line Editorial Development

Composed in the United States of America
Printed in Hong Kong

FIRST ENGLISH IMPRESSION, 1994
ISBN 0-87358-586-0 (HC)

FIRST ENGLISH/SPANISH IMPRESSION, 2004
ISBN 0-87358-869-X (SC)

04 05 06 07 08   5 4 3 2 1

Library of Congress Cataloging-in-Publication Data Pending

Especially for Molly.

Especialmente para Molly.
— S.L.

To my wife, Marian, with love and gratitude for her
unending encouragement and invaluable advice.

Para mi esposa, Marian, con amor y agradecimiento por su
constante apoyo y sus invalorables consejos.
—J.H.

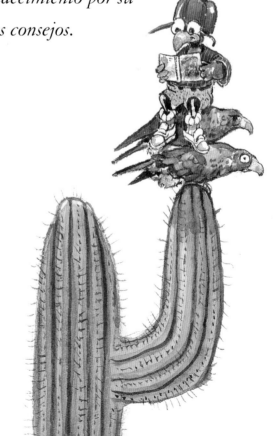

One fine day, the desert was full of springtime magic. Seeds sprouted. Eggs hatched. Cactus buds bloomed.

"Ah!" said Tortoise, coming out of her burrow.
"I feel good! I feel—fast!"

Jackrabbit turned one of his huge ears in her direction.

"Silly Tortoise!" he laughed. "You drag that heavy shell wherever you go. As for me, I'm free, free, free!"

Era un día hermoso y en el desierto se sentía la magia de la primavera. Las semillas brotaban. Los pajaritos salían de sus cascarones. Los brotes de cactos florecían.

—¡Ah! —dijo Tortuga, saliendo de su casita—. ¡Me siento bien! ¡Me siento…veloz!

Liebre paró una de sus enormes orejas para escucharla mejor.

—¡Tortuga loca! —dijo riéndose—. Llevas arrastrando esa pesada caparazón por todas partes adonde vas. En cambio yo, ¡yo soy libre, libre, libre!

Zig! Jackrabbit leaped left. *Zag!* Jackrabbit sprang right.

"*I'm* the fastest runner in the desert," he bragged.

Tortoise looked patiently up at him with her old, old eyes.

"Let's race," she said.

¡Zig...! Liebre saltó hacia la izquierda. ¡...zag! Liebre brincó hacia la derecha.

—Yo soy la más rápida de todo el desierto —se jactó.

Tortuga la miró con mucha paciencia, con sus viejos, viejos ojos.

—Hagamos una carrera —le dijo.

Now the other desert animals gathered around.

"I'm sure to win," said Jackrabbit.

"Prove it," said Tortoise.

So they agreed to race.

En eso los otros animales del desierto se acercaron.

—¡Estoy segura que ganaré! —dijo Liebre.

—¡Pruébalo! —dijo Tortuga.

Así que se pusieron de acuerdo en hacer una carrera.

"I'll mark the course," squawked Roadrunner,
and off he ran:
over the hill,
across the dusty flat space,
under the mesquite trees,
to the water hole.
"I'll draw the starting line," hissed Rattlesnake,
and she slithered across the sand.

—Marcaré el recorrido —dijo rápidamente Correcaminos
y corriendo se fue:
sobre la colina rocosa,
por el terreno llano y polvoriento,
bajo los árboles de mezquite,
hasta la charca.
—Dibujaré la línea de ssssalida —silbó Víbora Cascabel,
deslizándose por la arena.

Tortoise and Jackrabbit took their places side by side.

"I'll watch from above," called Buzzard, high in the sky,
while Eagle floated silent as a cloud.

Eyeing Jackrabbit hungrily, Coyote volunteered to start the race:
"One, two, three—Ow-OOOOOOO!"

Jackrabbit bolted away. "Long, low, *leap*, ho!" he sang.
And over the rocky hill he soared in less than no time.

Tortuga y Liebre tomaron sus puestos, una al lado de la otra.

*—Yo miraré desde arriba —gritó Zopilote, desde lo alto del cielo,
mientras Águila volaba silenciosa como una nube.*

Coyote, mirando de reojo a Liebre y con hambre, se ofreció para dar comienzo a la carrera:

—Uno, dos, tres, ¡Au-UUUUUUU!

Liebre salió disparada, cantando: —¡Brinco, salto, lejos, alto!

Y en un abrir y cerrar de ojos, subió la cumbre de la colina rocosa.

Tortoise moved her scaly toes up the slope.
Scritch-scratch-lump-thump she went.

Scorpion peeked out from beneath a big rock.

Tortoise inched past a blooming prickly pear cactus,
and she trudged around a giant saguaro. High up its trunk,
inside a dark hole, Elf Owl opened one sleepy eye.

Tortuga, moviendo sus escamosos pies, subía la ladera,
mientras se escuchaba: Pesada pisada, paso a paso.

Escorpión miraba a hurtadillas, escondido bajo una gran piedra.

Tortuga pasó cerquita de un floreciente nopal y caminó
cansadamente alrededor de un saguaro gigante. Desde lo alto de su tronco,
dentro de un hueco oscuro, Tecolotito abrió un ojo, todavía con sueño.

Tortoise rustled through desert dandelions and golden poppies, purple sand verbena and creamy butterfly lilies. Although she loved flowers, she did not stop.

"Don't step on us!" cried the ants, scattering.

"I won't," sighed Tortoise in her dry little voice, as she lumped and bumped along.

Tortuga se abrió camino entre los dientes de león del desierto, las amapolas doradas, las moradas verbenas de la arena y los lirios mariposas. Aunque a ella le encantaban las flores, no se detuvo.

—¡No nos pises! —gritaron las hormigas, huyendo para todos lados.

—No lo haré —suspiró Tortuga con su vocecita seca, mientras caminaba a los tumbos.

Meanwhile, Jackrabbit came to the dusty flat place.

"Long, low, *leap*, ho!" he said, and skipped across.
By now, he'd left Tortoise far behind.

Under the mesquite trees, he saw a patch of tender,
sweet, delicious grass, and he stopped to nibble it.
By the time he had eaten his fill, he felt so drowsy
that he lay down in the shade and fell fast asleep.

Mientras tanto, Liebre llegaba al lugar llano y polvoriento.

—¡Brinco, salto, lejos, alto! —decía, y seguía corriendo.
A estas alturas, ya había dejado a Tortuga muy atrás.
Bajo los árboles de mezquite vio un lugar cubierto de suave,
dulce y deliciosa hierba y se detuvo para mordisquearla.
Comió hasta no poder más y entonces se sintió tan soñoliento
que se acostó a la sombra y se durmió de inmediato.

Tortoise plodded down the hill, *scritch-scratch-lump-thump*.
She was tired and hot, but Tarantula waved his eight furry arms
to cheer her onward. At last she, too, came to the dusty flat place.

Help! A terrible fast monster with round black rubber feet!
It tried to crush her flat! There was a roar, a smell of burning oil,
and a cloud of dust.

*Tortuga paseaba colina abajo, pesada pisada, paso a paso. Estaba
cansada y tenía calor, pero Tarántula la saludó moviendo sus ocho peludos
brazos para animarla a seguir adelante. Finalmente ella también había
llegado al lugar llano y polvoriento.*

*¡Socorro! ¡Un terrible monstruo, rápido y con pies de goma redondos y
negros! ¡Trató de aplastarla! Se sentía un rugido, olor a aceite quemado y
una nube de polvo.*

When the dust settled, Tortoise crept out of her shell.

"Whew!" she said, and she continued slowly and steadily on her way.

She passed Jackrabbit, still snoozing under the mesquite trees.

Cuando el polvo desapareció, Tortuga salió despacito de su caparazón.

—¡Uff! —dijo, y siguió caminando con su paso lento y firme.

Pasó por donde estaba Liebre, todavía haciendo su siesta bajo los árboles de mezquite.

Suddenly he woke up.

He saw all the other animals gathered at the water hole.
The Quails had even brought their children, like little
brown eggs on legs.

And Tortoise had almost reached the finish line.

De repente Liebre se despertó.

Vio a todos los otros animales reunidos alrededor de la charca.

Los Codornices hasta habían traído a sus pequeñitos, que parecían

huevitos marrones sobre sus patas.

Y Tortuga casi había llegado a la línea final.

Jackrabbit flew past light-footed Deer, somersaulted over stinky Skunk, left Gila Monster in the dust, and never even noticed shy Kangaroo Rat.

Liebre pasó volando al rápido Venado, dio un salto mortal sobre el hediondo Zorrillo, cubrió de polvo a Monstruo de Gila y ni siquiera vio a Rata Canguro.

He hightailed it faster than ever, past hairy pig-like Javelina,
and then—Whoops!

He crashed right into sly Coyote and skedaddled! But…

"Long, low, *leap*—oh, no!"

Corrió apresuradamente, más rápido que nunca, por donde estaba el peludo Jabalí
con su aspecto de cochinito, y entonces: ¡Pum!

Se dio justo contra el mañoso Coyote, ¡y entonces huyó precipitadamente! Pero…
"¡Brinco, salto, lejos, alto! ¡Oh, no!"

Tortoise scritch-scratched across the line first.

The desert animals cheered.

"Thank you, my friends," said Tortoise.

Javelina handed the winner a beautiful spring bouquet.

Tortuga había llegado primero a la línea, con sus pesadas pisadas.

Los animales del desierto aplaudían con alegría.

—¡Gracias, amigos! —dijo Tortuga.

Jabalina le entregó a la ganadora un hermoso ramo de

flores primaverales.

TORTOISE POWER!

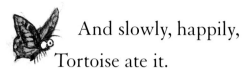 And slowly, happily,
Tortoise ate it.

Y despacito, muy contenta,
Tortuga se lo comió.

A Note on the Story

THE TORTOISE WINS THE RACE IN THIS FABLE, but real desert tortoises are in trouble. These ancient, flower-eating reptiles face two main threats: first, a disease spread among wild tortoises by ones that used to be pets; and second, the destruction of tortoise habitat in various ways by human beings. Jackrabbits (which actually aren't rabbits, but members of the hare family) are less endangered than tortoises, yet jackrabbits also need open space in order to survive.

The wild desert is a precious place. If it is preserved for future generations of tortoises, jackrabbits, and people, we will all be winners.

Un comentario sobre el cuento

EN ESTA FÁBULA, LA TORTUGA GANA LA CARRERA, pero las verdaderas tortugas del desierto están en peligro. Estos antiguos reptiles que se alimentan con flores, enfrentan dos grandes amenazas: la primera, una enfermedad que se ha propagado entre las tortugas salvajes, iniciada por aquéllas que solieron ser mascotas; la segunda, la destrucción del hábitat de las tortugas que, de varias maneras, han ocasionado los seres humanos. Las liebres no están en tanto peligro como las tortugas, pero también necesitan espacios abiertos para poder sobrevivir.

El desierto salvaje es un lugar preciado. Si se lo preserva para las futuras generaciones de tortugas, liebres y personas, todos saldremos beneficiados.

SUSAN LOWELL spends part of her time in Tucson, Arizona, and part of it on a small ranch in the desert, where tortoises ramble and jackrabbits scamper within sight of her windows.

SUSAN LOWELL pasa parte de su tiempo en Tucson, Arizona, y en un rancho pequeño en el desierto, donde desde su ventana puede ver a las tortugas pasear y a las liebres corretear.

JIM HARRIS lives with his wife, Marian, and their family in New Zealand. He has been a professional artist since 1981.

JIM HARRIS vive con su esposa, Marian, y su familia en Nueva Zelandia. Ha sido ilustrador profesional desde 1981.